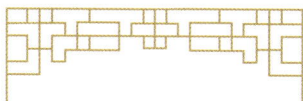

朱文 ○ 编著

匠人故事

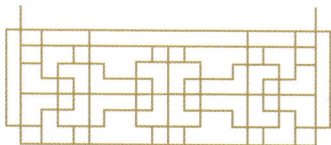

山西出版传媒集团　山西经济出版社

·太原·

图书在版编目（CIP）数据

匠人故事 / 朱文编著. -- 太原 : 山西经济出版社,
2024. 8. --（守护皮影）. -- ISBN 978-7-5577-1346-1

Ⅰ. K825.7

中国国家版本馆CIP数据核字第2024XJ9280号

匠人故事
JIANG REN GU SHI

编　　著：	朱　文	
出 版 人：	张宝东	
项目总监：	李春梅	
出版策划：	马　睿	
责任编辑：	岳子璇	
内文设计：	华胜文化	
封面设计：	张永文	
供　　图：	山西转型综改示范区阳曲园区宇恒印象摄影工作室	
出 版 者：	山西出版传媒集团·山西经济出版社	
地　　址：	太原市建设南路21号	
邮　　编：	030012	
电　　话：	0351-4922133 （市场部）	
	0351-4922085 （总编室）	
E-mail：	scb@sxjjcb.com （市场部）	
	zbs@sxjjcb.com （总编室）	
经 销 者：	山西出版传媒集团·山西经济出版社	
承 印 者：	山西出版传媒集团·山西人民印刷有限责任公司	
开　　本：	880mm×1230mm　　1/32	
印　　张：	5	
字　　数：	83千字	
版　　次：	2024年8月　第1版	
印　　次：	2024年8月　第1次印刷	
书　　号：	ISBN 978-7-5577-1346-1	
定　　价：	49.00元	

目 录

守护皮影

红色皮影人

梁全民（1932—2019年），山西省孝义市驿马乡后驿马村人，第二批国家级非物质文化遗产项目——皮影戏（孝义皮影戏）代表性传承人。

　　演出过皮腔纸窗影戏《闹朝歌》《黄河阵》《攒心钉》等，碗碗腔纱窗影戏《桃花记》《苦极图》《观音堂》《忠孝图》等。代表作有皮影戏《张羽煮海》《收五毒》，木偶剧《走山》等。

红色皮影人

　　梁家祖孙三代都是皮影艺人，梁全民从小耳濡目染，很小便进入这一行当。上学期间，梁全民与同乡一个六十多岁的民间老艺人郭志智组成皮影搭档，一老一小拖着棍子，推着影戏箱，进介休城表演。他们白天进城探听军事部署、街道路况，晚上借着演皮影往城外送情报。1947年，郭志智被人检举揭发，惨遭杀害，梁全民只好回家跟着父亲一起讨生活。

　　后来，党组织又安排梁全民拜父亲的师傅冯庭荣为师，继续借皮影表演为组织搜集情报。冯庭荣是皮影、

梁全民（左一）和剧团演员表演木偶剧《走山》

木偶、碗碗腔样样精通的手工艺人，也是梁全民父亲的师傅。小班子时代，艺人之间的师徒关系是非常清晰的，家族间父子、爷孙之外，"说戏人"和"贴窗子的"便是最主要的一对师徒，他们之间要签订合同，规定双方的权利、义务，徒弟在学徒期间应尽心服侍师傅全家，学成之后还要行谢师礼，即"三年学艺，一年谢师"，主要目的就是要求"技"。至此，梁全民正式踏入了皮影艺术的门槛，跟着师傅四处表演。

1949年之后，皮影剧团逐渐取代了私人班社，学员全部从社会上招聘，梁全民一步步从学员成长为业务骨干。这一时期，孝义县文化局对演出内容有了新的要求，传统宫廷戏、历史戏、神话戏只有经过严格审查才能上演。在县文化局的大力倡导下，梁全民等几个老皮影艺人对孝义皮影进行挖掘、整合、改革、创新，组成皮影宣传队，排演现代新戏，到各地演出；积极联系皮影雕刻艺人重新设计人物形象，为剧目演出创造条件等。这些措施使皮影木偶戏在新中国成立初期起到了"少花钱，多办事"的效果，不仅丰富了农村的文艺生活，而且成为宣传国家政策法令的新媒介。

二十世纪六十年代前半期，演出内容调整，旧时剧目中的帝王将相、才子佳人、神魔道化逐渐从人们记忆中消失，取而代之的是反映革命斗争、英雄人物的现实主义题材。皮影戏因材质及艺术表现力遇冷，而木偶、皮影是孝义当地流传久远的艺术品种，不能够轻易改变其艺术形式，所以剧团主要在编排新剧目、改良木偶操作方面下功夫。为了塑造好木偶角色，梁全民专门派人到泉州学习提线木偶艺术，还从当地请来一位师傅指导团里的演员，以提线木偶形式排演了《红灯记》《沙家浜》等样板戏，使孝义木偶完成了从杖头到提线的转变。木偶场面越改越大，道具、服装、特效器材也相应增加，三四十个演职人员再加上戏箱、文武场，每次下乡演出至少四辆大卡车，到了演出地点光卸车、搭台、调试就得一到两天，所以一些偏远地区实在没法过去，以至于当时有人

1966年，孝义木偶剧团参加社交运动留念（前排右一为梁全民，前排左四为那鹏飞，中排左二为刘金利）

1962年，太原市碗
碗腔剧团来孝义学
习，与孝义木偶艺
术剧团、跃进剧团
合影

十九世纪六十年代，学员
们在老师的指导下练习身
段动作

批评梁全民为"四不去"团长：没有舞台不去、没有电灯不去、没有公路不去、没有汽车不去。1964年开始，有人提出皮影、木偶不足以代表英雄人物的光辉形象。之后，在一段时期内，剧团陷入低谷，演出暂停，团员四处流散。

1972年底，孝义木偶艺术剧团正式恢复演出，梁全民任团长兼教师。剧团刚恢复演出时，各方面的力量还比较薄弱，需要不断提高自身的业务水平，梁全民便带队前往广州、泉州、上海、北京等地学习。1973年，梁全民团队从上海带回两部美术连环画——《东郭先生》《三打白骨精》，在认真研究了画本中的人物、情节后，决定重新编排这两部木偶剧。后经山西省文化局艺术组批准，《东郭先生》和《三打白骨精》陆续上演。其中，新编神话剧《三打白骨精》参加1975年全国皮影、木偶会演。由于前期在剧本、人偶编排、舞台呈现上倾注了大量心血，改编剧《三打白骨精》在孝义一炮打响，接着在全省各地巡演，一片红火。剧团内士气大振，大家一鼓作气相继排演出《大战通天河》《三盗芭蕉扇》等戏，演出市场被彻底盘活了。

二十世纪七十年代，孝义仗头木偶剧《三盗芭蕉扇》

提线木偶剧《三打白骨精》剧照

这个时期，虽然演出内容逐步多元化，但是新培养起来的学员远没有小班子时代艺人们一专多能的技术特点，比如操签子的不再配唱，说戏人不再分角色操控影子等，"红黑生旦一人唱，双手舞动百万兵"的场景不复存在。二十世纪八十年代以来，社会变革剧烈，传统艺术的生存土壤愈来愈狭小，不论公办还是私营剧团，招聘对象更多是从地方戏曲、艺术学校中选拔。这批学员虽然有着较好的艺术基础，操控上手也比较快，但他们普遍缺乏皮影作为民俗艺术的熏陶和童子功训练以及传统的口口相传的受训模式，所以现代皮影表演者

皮影道具头与身子组装

皮影道具头部组装

很难成为个性突出的职业艺人，传统艺术的创新型转变与
创造性发展变得异常艰难，传承功能进一步弱化。

　　为了更好地宣传皮影，文化部门多次安排孝义皮影、
木偶参加各种演出活动。1989年10月，由孝义木偶艺术团

梁全民在演示前修整影人

梁全民演示双手操签的基本技法

　　组建的山西省皮影木偶艺术团应邀赴英国德比郡进行对
外交流，其间梁全民操作并演出了皮影戏《张羽煮海》
《收五毒》，木偶剧《走山》《天蓬戏嫦娥》等，国内外

梁全民演示掌签

影人在梁全民的手中舞动起来

梁全民和他收藏的影人

媒体争相报道。1994年，剧团参加在广州举办的中国木偶皮影精英荟萃大赛，梁全民与众弟子出演的传统剧目《走山》荣获"精英奖"，《中国文化报》《山西日报》做了详细报道。1995年，梁全民退休。之后，他先后在孝义职业技术学院和非物质文化产业开发中心讲课授艺，专门负责孝义皮影演唱和操控方面的培训，尽可能把自己的一身技艺传承给后人。

梁全民现场指导学员表演皮影

　　梁全民说，他从接触皮影这门艺术起就一直认为自己是个地道的手艺人，这种观念一直影响着他的言行。祖父辈、父辈靠演皮影为生，他在很小的时候就接触这个行当。后来，在跟随师傅们学习和外出表演的过程中又进一步感受到了皮影的艺术魅力，自然而然地走上了皮影表演的道路。如果说最初的接触和模仿只是源于兴趣，那么经过几年的习艺和演出实

梁全民和学员表演木偶剧

践后，梁全民对孝义皮影更多的是一种责任和热爱。梁全民在接手木偶剧团后，将大部分精力都投入教学中，从1973年开始，一直在努力地带徒授艺，希望把操持了半个多世纪的活计能够传给后人。

虽然梁全民一辈子没有正式收过徒弟，没有举办过拜师礼，但木偶剧团在二十世纪七十年代招收的几批学员都叫他师傅。他们有的后来进了专业剧团当了演员，成了名

角；有的在剧团光景最不好的那几年离开了剧团，自谋职业；有的调入其他单位，并走上了领导岗位；还有一些坚持下来，仍然操办着这门传统技艺，像武兴、李淑英、刘晋浙、郝凤莲、李世伟等人。

梁全民对操持了一辈子的皮影艺术有无限的眷恋与热爱。当谈及现状及看法时，老人感叹道："现在社会职业选择很多，没有几个人愿意在皮影上面下苦功、把这门手

梁全民讲述关于影人的戏剧故事

艺当成事业看待的。如果真要抢救、发展皮影，就必须解决从业者的后顾之忧，给一个正式名分，让他们能够安心地将皮影作为自己的事业去干。"

在剧团演出市场不景气时，梁全民觉得操持了一辈子的皮影、木偶可能真的要束之高阁了，可喜的是，进入二十一世纪，皮影、木偶重新受到人们的关注。特别是2006年孝义皮影戏被国务院列入第一批国家级非物质文化遗产项目名录；2008年，梁全民入选国家级非物质文化遗产项目——皮影戏（孝义皮影戏）代表性传承人。近年来，他相信，有国家这样的大力扶持，皮影、木偶会越来越好，会开枝散叶、欣欣向荣的。

文化部授予梁全民国家级非物质文化遗产项目——皮影戏（孝义皮影戏）代表性传承人的证书

守护皮影

两代人的接力守护

朱景义，1940年6月生，孝义县博物馆馆长，山西考古学会、山西石刻研究会、三晋文化研究会、中国戏剧家协会山西分会、太原收藏协会理事。他创建了占地面积近两万平方米的我国第一座皮影木偶艺术博物馆，馆藏历代皮影、木偶和有关戏剧文物五千余件。

朱文，1964年生，山西孝义下栅村人。中国民间文艺家协会会员；山西省民间文艺家协会会员、山西省民间艺术杰出传承人、山西省民间艺术大师、山西省第二届民间工艺美术大师、山西省"三晋英才"支持计划拔尖骨干人才；孝义市皮影木偶艺术博物馆馆长、市级非物质文化遗产项目孝义皮影戏代表性传承人。

两代人对皮影文物及相关史料进行搜集、整理和研究，出版《中国山西孝义皮影戏史话》《孝义皮影木偶传统剧目集成》、规划皮影博物馆、成立雕刻艺术室、实践皮影工艺化等，推动皮影文化事业与产业发展。

两代人的接力守护

　　山西孝义人喜欢听戏、唱戏，战国时期，当地就有了皮腔。皮腔是孝义的本土唱腔，高亢、质朴。孝义皮腔纸窗影戏的故事脚本多是以前的封神榜戏。影人的胸部装配主杆，在屏幕上不能转身。影人造型一般分九块结构，牛皮雕镂，造型虽略有夸张，却质朴无华，别有一番韵味。曾经的孝义古县城有一条街巷非常繁盛，南来北往的人们会在这里进行贸易商谈，这些为皮影等戏剧的发展提供了可能。元明之际，孝义已基本是无村不庙、无庙不台、无台不戏的戏剧之乡。

从宋金至清嘉庆的几百年里，经过不断的洗练，孝义皮影戏逐步形成了拥有自己独特唱腔、演出形式、班规等级、雕刻技艺、舞台呈现等一系列完整体系的艺术形式。在孝义这个戏剧之乡，无数人也因此走上了制作、说唱、传承皮影的道路，朱文就是其中一位。

朱文与皮影结缘，是受父亲的影响。他喜欢用"子从父业"表述自己的职业选择。1984年，孝义市的文物收藏工作正式从孝义县文化馆分离出来，在文化馆大院的三间瓦房里，孝义县博物馆正式挂牌成立。时任博物馆首任馆长的朱景义开始了博物馆建设的筹备工作，此时的他急需一名得力助手。就在这一年，朱文从吕梁艺术学校毕业了，他选择跟随父亲的脚步，开始了对孝义皮影文物及相关史料的搜集、整理和研究工作。

正是这一年代，电视机开始进入寻常百姓家，新的娱乐方式也在不断涌现，皮影戏开始逐渐黯淡。皮影艺人们或者老去，或者改从他业，戏班里曾经传世的"家什"被搁置，有的被搬到了古玩市场，变成了"卖品"。看着日渐式微的皮影，父子二人觉得时间紧迫，抢救皮影文化、留存更多史证，成为他们最迫切要做的事。

"艺人的技术和唱本都在肚子里，如果不去做文字

朱　文

朱景义、朱文整理成册的
皮影资料

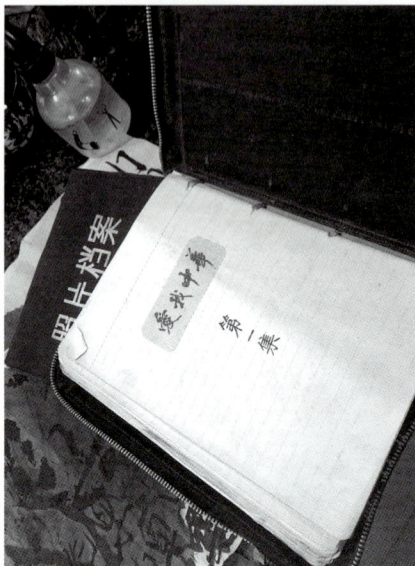

记录，就会随着艺人生命的结束而最终消失。"朱文说，那些年每天都争分夺秒地整理、做研究。他和父亲一有时间就骑着自行车到乡间收集史料文物，走访皮影艺人，从村舍炉灶前抢救出了大量皮影文物。他们把孝义有名的皮影老艺人，如那鹏飞、梁全民、吴海棠等请到博物馆的三间瓦房里，请他们讲述皮影制作、表演技法、说唱剧本，朱文和父亲则在一旁认真记录。

那些散落在民间碎片般的孝义皮影文化

被一一拾捡，并被串联起来，孝义皮影的发展脉络逐渐清晰。经过多年的收集整理，皮影木偶文物占据了馆藏文物的五分之四。朱景义向上级请示，博物馆可以皮影木偶为主题，将孝义的皮影木偶借助博物馆推广出去。

1987年，孝义皮影木偶艺术博物馆开工建设。历时八年，博物馆的主体工程建设终于完工，全国首座皮影木偶艺术博物馆正式展现在世人面前。1989年，皮影木偶艺术

孝义市皮影木偶艺术博物馆首任馆长朱景义（左一）下乡采访老艺人、收集史料时留影

朱景义（右四）下乡采访期间，与老艺人合影

朱景义（前排右一）一家人

朱景义在工作（左一）

博物馆抢救收藏了四座清代古皮影戏专用戏台，按照戏台
原型迁建在馆内，使它们逃离了被拆毁的命运。其中有一
座建于清康熙四十八年（1709年）砖木结构的戏台，在进
深六点五米、面积七点七米的戏台内部，亮子、影人、供
桌、方桌、木箱、蒲草垫子，还原出当年皮影表演的后
台景象。在朱文的设想里，要模拟出一个实景，让参观的
人可以直观地看到皮影艺人在后台的工作场景，目前来

保存在孝义皮影木偶艺术博物馆内的影戏台

古戏台

看，还差一些人物塑像。

进入二十一世纪不久，朱景义因过度劳累病逝。父亲的突然离世，成为朱文人生的一道分界线。之前，朱文在父亲的引领和指导下，学习、工作、实践，日子忙碌而平静。之后，朱文曾陷入一段不知所措的茫然和焦虑，但最终走了出来，开始了他对皮影文化保护研究的个人征

孝义市皮影木偶艺术博
物馆仓库内悬挂的影人

戏台内供奉的戏神——黄龙真人。传统皮影戏开
演前，艺人们会先举行酬神仪式

程。他将自己的事业理想与父亲生前未尽的心愿叠加，虽
然寂寞，但抢救皮影文化的步伐更坚定了。

皮影表演的乐器亮锣

斑驳陈旧的皮影戏箱，曾经装满了
皮影班子最值钱的家当

撰写相关论文，充实馆内藏物，组织皮影艺术表演培训，创作《猴子捞月》《皮影与锣鼓》《皮影与呐喊》《阿凡提》等现代皮影戏，创作花鸟《四美图》、人物《四美图》

《西厢记》等皮影工艺作品，出版图书，规划建设孝义木偶展厅……朱文在父亲的道路上找到了价值，围绕皮影四面出拳，与时间赛跑。

2006年，朱文将多年来和父亲一起整理的

夜幕降临，油灯显影，忽明忽暗间带来变幻莫测的舞台效果

文字资料编写成书，正式出版了《中国山西孝义皮影戏史话》。这本书成为朱文向父亲交付的一份重要作业，实现了他和父亲在另一个时空的一次对话。作家冯骥才读后感言：他们为孝义皮影添置了一份厚实的家底。

朱文很快就要从孝义市皮影木偶艺术博物馆馆长的职位上退休了，"木偶展厅的装修已经接近收尾阶段……"在给自己制订的工作表单上，仍然有很多等待完成的工作。朱文说，父亲直到生命的最后一刻还在叮嘱自己，一定要把皮影文化传承下去，不要湮灭在自己的手上。

关于皮影的保护与传承，朱文也有自己的想法。

在长期保存中，受自然环境、保存条件、人为因素的影响，皮影会产生污染、硬化、变形、褪色、残缺、霉变等问题。作为一种特殊的工艺类别，皮影的保护修复成为保护工作者面临的一个问题。朱文带领博物馆工作人员在对皮影文物病害检测评估的基础上，通过对皮影工艺、颜色成分及胶质的分析，经过反复实践，探索出一套皮影文物的科学保护修复方法流程：清洗、回软、矫形、修复、防虫防霉等，并整

孝义市皮影木偶博物馆仓库内部分被搁置的现代影人造型

理出完整的修复档案资料。经过保护修复后的皮影，表面污染物基本去除，形变得以矫正，断裂和残缺的得到修补，颜色未发生明显变化，保护效果良好。

朱文说，对待皮影，既要"传"，又要"承"。"传"，将古老的、传统的文化形态记录下来，请进博物馆，让后人可以看到文化的流变；"承"，适应今天的生活，随时代而变，融入新的文化、技术，不断发展。有"传"没"承"，文化就死去了；有"承"没"传"，这种文化就会变了，不是一回事了。

孝义市皮影木偶艺术博物馆馆长朱文在影戏台内

守护皮影

我就是来唱皮影的

刘金利，1944年生，山西省孝义市东辛壁村人，中共党员。1957年进入孝义县（今孝义市）木偶皮影剧团，从事皮影、木偶表演，曾任演员、剧务主任，师从皮影艺人那鹏飞。

1962年，在剧目《西游记》中表演孙悟空；1965年，在《红灯记》中表演李玉和；1975年，带队赴北京学习少儿剧《草原小姐妹》，同年参加全国调演获得优秀奖；1989年退休。之后，仍随团演出，并自发组织演出团，义务传授皮影木偶技艺，至今仍未离开舞台。

艺无止尽
影偶传情

刘金利 2022年3月30日

我就是来唱皮影的

刘金利

激昂的锣鼓点响起，刘金利神情专注，迅速地在幕布前转动着手中的操作杆，影人随之极富节奏地舞动着。幕布的另一面展现的是孙悟空智斗白骨精的精彩片段。这是刘金利在介休张壁古堡皮影馆里表演皮影戏《三打白骨精》。伴随着台前的影儿打杀、幕后的锣鼓演唱，观众席上爆出一阵又一阵的惊叹和欢笑。

刘金利中等个子，眉间眼角总是带着笑意。出门时，常会在脖间系一条小方丝巾，衬出几分属于演员的独特韵味和精气神。在1957年孝义木偶皮影剧团招入的那批学员中，仍然活跃在舞台的只有刘金利了。因为年龄和资历都比较老，大家都尊敬地称呼她"刘老师"。

刘金利从小就喜欢听戏，她总是站在远处的高台子上，目不转睛地盯着戏台，这样既能看清戏台，又能躲过

刘金利讲述曾经在剧团的点滴生活

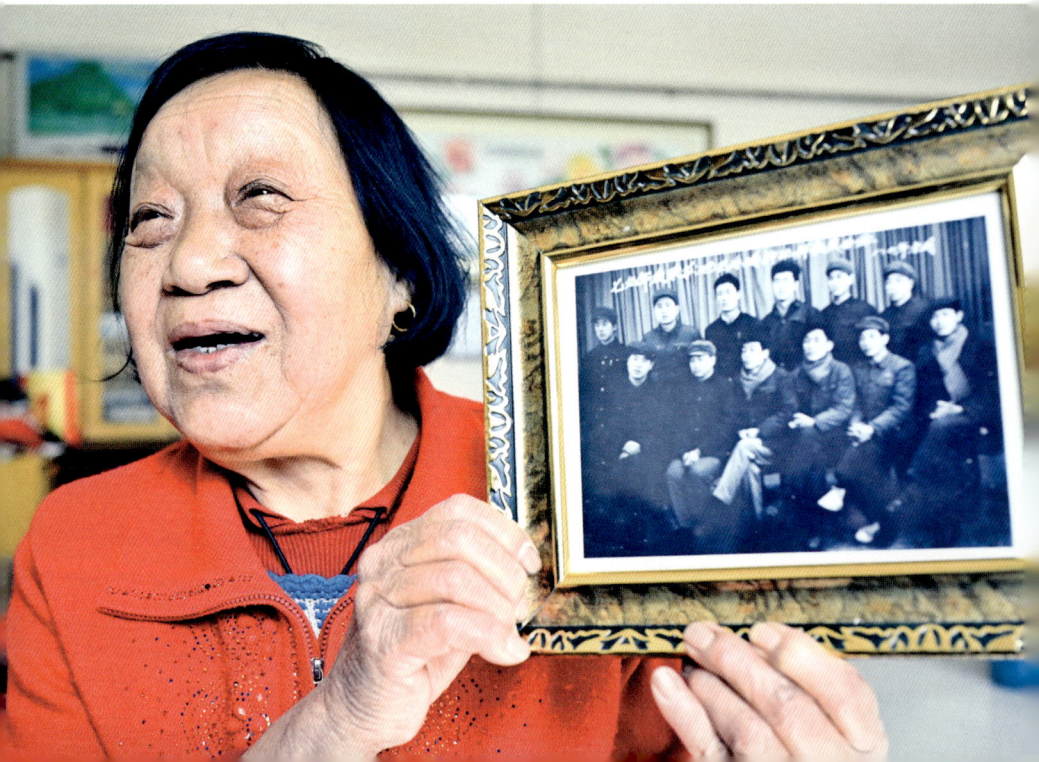

刘金利着戏服的舞台扮相和年轻时的工作照

旁人的目光，一个人轻声跟唱着，并模仿着台上演员的眼神、手势。

凭着几分天资和勤奋，十二岁时刘金利被挑选入团。当时，剧团有李正有、武启家、那鹏飞、冯庭荣等著名艺人。刘金利跟随他们学艺，晋剧、皮腔、碗碗腔，皮影、木偶，每项都要学。早上五点起床，在城墙上吊嗓子，接着练形体、站桩、举签。"剧团的师傅们都特别好，从不打骂，每天盯着我们，就怕我们偷懒。"刘金利回忆道。即将步入耄耋之年的刘金利总是记着师傅那鹏飞当年对她的教导："要走着学，站着学，吃饭时间要学，去厕所也要学，把木偶和皮影戏的技术牢牢掌握在手里。"那时候，刘金利一直牢牢记着那师傅的这句话，不论演戏、拍戏，脑子里都是剧本，时常到了梦里都是在抄剧本。

入团一个月，刘金利就跟着剧团下乡表演了。刘金利在剧团，白天演木偶，夜间演皮影，一边演一边学，技术突飞猛进。刘金利天生嗓子好，最初在剧团唱生角，后来又唱胡子生。有时剧团缺三花脸，她就唱三花脸；缺老旦，她就

1964年10月，刘金利（前排左一）跟随剧团在盂县演出后合影留念

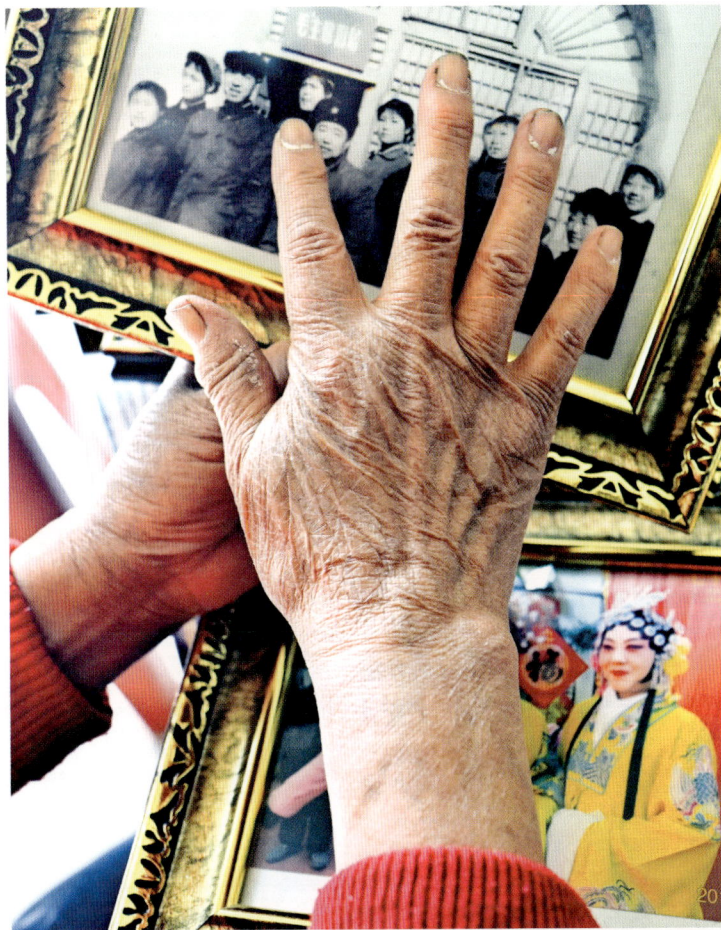

在剧团工作时留下的照片不多，刘金利
把它们都仔细地装裱在相框里

唱老旦，成了剧团里的"捞饭盆"（啥也能干）。

1969年，剧团陷入低谷，刘金利被分配到孝义县毛皮厂做出纳。在工厂，她组织工友排演皮影木偶戏，把厂里

刘金利（左一）和女儿宋佩
霞、儿子宋晋明在家里刻制
影人

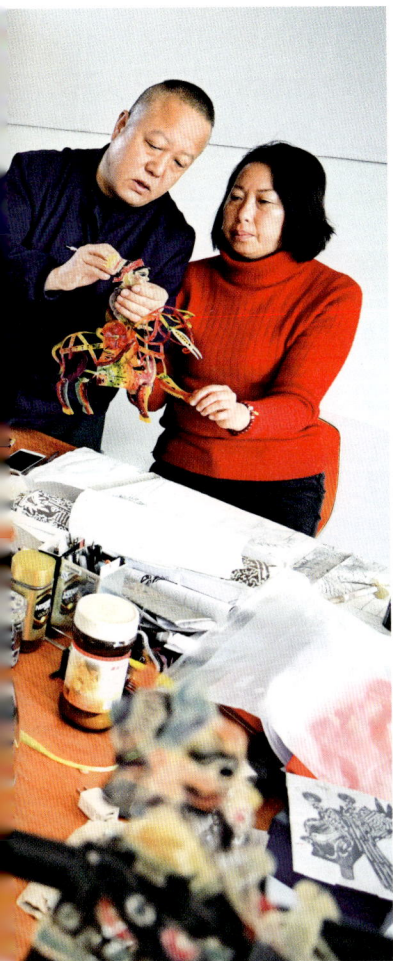

的文化生活带动得红火热闹。1972年，剧团情况逐渐好转，刘金利又调回剧团参加演出，并开始担任皮影辅导老师，先后带领学员排出了《半夜鸡叫》《东海小哨兵》等节目。1974年，剧团还安排刘金利等人去北京皮影木偶剧团学习，她们排演了《草原红花》。为了实现剧情效果，剧团为《草原红花》做了很多特效，有风有雨，还专门买了木帘子、塑料花，把舞台布置成了花的世界，剧目标题在花的簇拥下耀眼醒目。1975年，《草原红花》参加全国调演，表演很成功，获得了优秀奖。

剧团在二十世纪七十年代前中期的演出市场很好，各地竞相聘请。演出时间主要集中在正月、二月和夏收以后，百姓农忙之后的闲余时间就是剧团演出的旺季。没有演出的日子，刘金利就在剧团排练、开会、学习，每天都很忙碌。无论是排练还是演出，刘金利都特别刻苦、用心，一场戏下来，身上的衣服都被汗浸湿了。"许多艺人

刘金利自己动手修影人

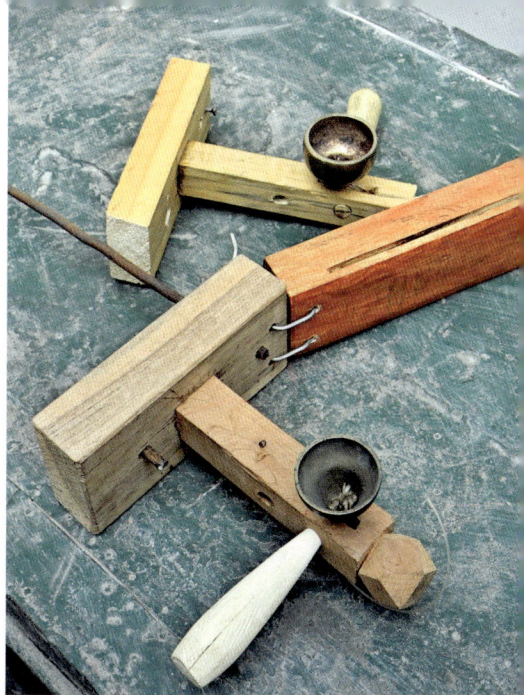

碗碗和节节是孝义皮影乐器中比较
特殊的打击乐器，是其他剧种基本
不会用到的乐器

都说练功很辛苦，但是我从没有觉得苦，倒是觉得不让我
演皮影才是真的'苦'。"

　　也因如此，刘金利每年在家里住的时间，满打满算加
起来两个月。由于和丈夫缺乏磨合，总是磕磕绊绊，刘金
利在家庭和皮影之间做了选择，结束了第一段婚姻。她
说："什么也挡不住我唱皮影。"

　　1989年，根据剧团的新政策，四十五岁的刘金利因
为年龄偏大，演出机会大量减少。她一度茫然，"感觉
正是自己能唱、想唱的时候，却一下被淘汰了"。那段

时间，刘金利变得失落、消沉，没有了生活目标。直到有一天，刘金利在路上碰到了孝义的文化名人侯佑诚。侯佑诚也是刘金利父亲的好朋友，他听了刘金利的情况后，说道："你还年轻，要把皮影的事情做好，方式有很多。"从那天开始，刘金利觉得自己又有了力量，干事创业的那股劲儿重新燃了起来，开始谋划组建自己的皮影表演班子。

刘金利四处寻访老艺人，走访民间艺人，去抄写剧本。组建一个表演班底，不仅需要人，还需要演出的各种

2021年6月，刘金利（左一）和女儿宋佩霞
在张壁古堡皮影馆里表演木偶戏《戒赌》

刘金利（右一）和妹妹刘金娥整理影人

道具、行头和剧本，刘金利便从有限的工资里挤出钱收集老皮影，添置其他演出道具，就这样组建起了自己的皮影团队——孝义皮影木偶艺术团。其间，刘金利也回孝义皮影木偶剧团帮过忙，断断续续地，帮着带学员，也跟着一起出去演出。

在演出皮影的路上，刘金利从未停下脚步。只要是和皮影有关的事，她都乐此不疲。

1997年至2017年，刘金利组织皮影木偶艺术团下乡演出宫廷戏，传承皮影折子戏。这些老戏已经很少有人能

唱能演了，刘金利就想着能把它们传下去。2015年，刘金利专程去孝义市文化局找相关负责人，表示愿意免费做培训、教学员，尽个人能力培养皮影人才，给社会做贡献。第一站是孝义贾家庄的三皇庙旅游基地，大约有一年的时间，刘金利每天都去那里教学员唱腔和皮影、木偶的操作，在那里排了三个皮影打台戏（帽子戏），分别是《花果山》《收服柳树精》《收五毒》。

刘金利为皮影表演做准备

　　第二站是张壁古堡景区。2017年，刘金利应邀到张壁古堡景区演出，担任景区木偶皮影戏特聘传承人，节假日在景区内的皮影馆进行表演，同时开展研学活动，推广和传播皮影木偶文化。

　　这几年，空闲时间刘金利就会整理自己收藏的皮影人和剧本。人们都说老戏已经落伍了，可是刘金利总觉得老戏传了这么多年，不能就这样湮灭啊，文化是讲究根脉

刘金利按照剧目分类整理影人

刘金利正在组装影人

影戏开演，刘金利一个人耍影、唱念

的，不把根脉保护好，它怎么能发展呢？

　　刘金利为皮影交付了青春……生活起起伏伏，她没有陷入幽暗，而是在"道尽千古事"的唱词中，学会了与生活和解，借助皮影建构起自己的理想世界与物质生活，认真而扎实地活着。刘金利说这么多表演过的人物中，最喜欢的是孙悟空，因为每次表演时都会感到一种畅快与喜悦。我想，她定是看到了孙悟空为取真经无所畏惧的执着

在亮子后表演的刘金利

与坚持。

　　在台上，已经七十八岁的刘金利焕发出的精气神一点儿都不输年轻人。音乐响起，她或举着木偶，神情投入地奔跑跳跃；或操着皮影签子，指挥着"千军万马"，在光影间闪转变幻。在这样日复一日、年复一年的日子里，皮影始终支撑着她向前走，她把皮影作为一辈子坚守的大事，"我来这世上，就是来唱皮影的。"

守护皮影

时光里的色彩匠人

李世伟，1949年生，山西省介休市人，国家级非物质文化遗产项目——皮影戏（孝义皮影戏）代表性传承人；侯马市皮影雕刻艺术研究会副会长。先后供职于孝义市木偶皮影剧团、孝义市皮影木偶艺术博物馆。1972年始，从事木偶、皮影制作。2006年，与赵翠莲结为夫妻，开发具有欣赏和收藏价值的皮影艺术品。

赵翠莲，1957年生，山西省侯马市人，山西省非物质文化遗产传承人、山西省工艺美术大师；侯马市皮影雕刻艺术研究会会长。1976年始，从事皮影制作。

提高技艺
传承发展
李世伟

秉承祖先智慧，传播华夏文明

赵翠莲 2022 9 9

时光里的色彩匠人

李世伟为皮影上色

在一栋二层高的农房里，渐渐升起的太阳越过三米高的墙，阳光穿过落地玻璃门窗落在李世伟的工作台上，李世伟鼻梁上架着老花镜、半眯着眼，一只手拿着影人，一只手拿着画笔，正寻找合适的光照角度给皮影人上色。

上色用的颜料

　　一排盛放着朱红、深绿、杏黄、玫红等颜料的白瓷小罐，在光照中五彩缤纷，格外醒目。透亮无色的皮影人物，亦随着一步步着色，变得立体生动起来。如果说雕刻是皮影造型的第一步，那么上色就是赋予影人生命的关键。

给雕刻好的皮影上色，用色是非常考究的。比如，不同人物全身的色彩如何搭配，如何处理浓淡间的过渡，如何用颜色表现人物的身份、性格，忠臣和奸臣在配色上的区别等。因为颜色是有情绪和性格的，要恰当地运用在人物上，不仅需要学习，而且要不断地练习，培养色感。"这些都需要有一定的美学鉴赏力和美术常识，还要有肯钻研的态度。"

李世伟正在检查影人上色后的效果

065

赵翠莲（左二）和女儿刘淑珊在刻制影人

　　一旁，赵翠莲和女儿凝神屏气刻着皮影。一张张经过挑选、处理的牛皮被裁剪分割，经过画稿、过稿、雕镂、上色、熨平、连接等十几道工序，最终蜕变成一幅幅精巧的皮影造型，有生、旦、净、丑等各式戏剧角色，也有孙悟空、白雪公主、白衣护士等不同角色。俩人各自双手配合，一手握紧刻刀，一手依靠手劲运转牛皮，以皮触刀，皮走刀不走。动作流畅自如，刀口准确清晰，手上功夫非常娴熟。"推、转、凿都是最基础的刀法，刀口若能做到秀劲多变、疏密有致，刻出的皮影才会精巧优美。"

赵翠莲从事皮影雕刻始于姨父廉振华的启蒙与引领。

1973年，时任侯马市文化局副局长、文化馆馆长、皮影研究室主任的廉振华在侯马开始了系统整理汇编皮影资料的工作。时常来姨父家做客的赵翠莲受到影响与启蒙，十九岁的她为自己的人

过去，刻制影人的匠人又被称为"影子匠"

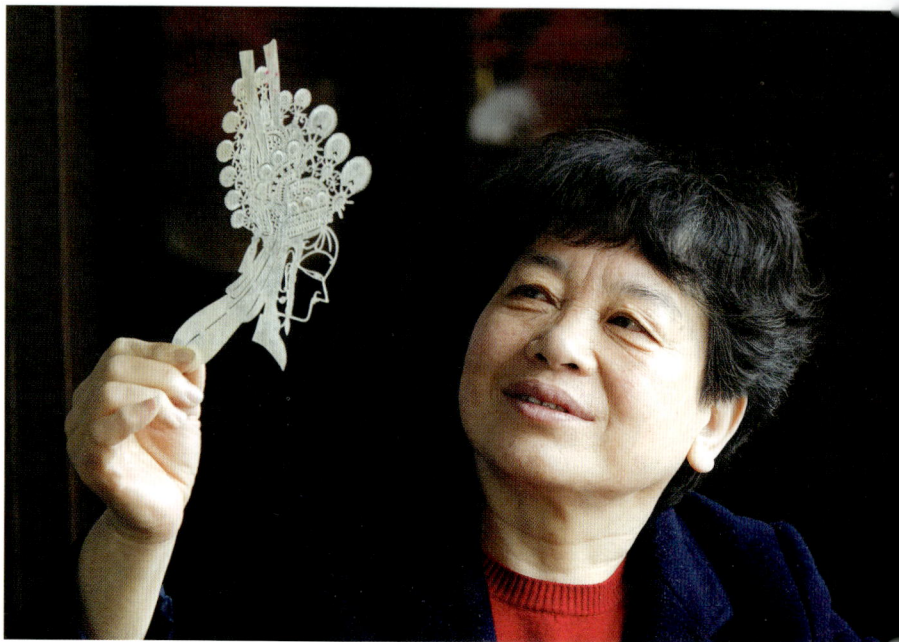

赵翠莲

生做了一次重大抉择，正式拜廉振华为师，拿起刻刀，开
始皮影雕刻。

当时，皮影戏正处于濒临失传的危险境地。廉振华专
程从陕西请来一位皮影制作艺人，到侯马市业余实验剧团
教授学员雕刻皮影。赵翠莲听说要请师傅来教学，特别兴
奋，想着一定要跟着好好学，学出点样子来。但是老师傅
来了，却总是故意避开她。"我一进屋，老师傅就放下工

具不干了，开始抽烟喝茶，或是想办法把我支到其他屋里。"赵翠莲讲述最初的学艺经历。

过去，一门手艺就是匠人一辈子吃饭的本领。皮影制作艺人是不会轻易把自己的图稿拿出来给学徒看的，学徒只能做一些现成样子的简单雕刻和染色工作，制作环节最重要的图稿或最核心的技术，老艺人只会传给自己的子孙或亲戚。所以，直到二十世纪七十年代，国内都还没有一本传播于世的、比较系统完整的皮影图稿集。

从陕西请来的老艺人恪守着"规矩"，让原本学习热情高涨的赵翠莲垂头丧气，仿佛打蔫的麦穗一样。廉振华知道后一边给赵翠莲做思想工作，一边想解决办法。他拿出多年来自己从民间摹拓和翻临的三千余种影人图谱，对赵翠莲说："没有老师教，就自学看图谱，照着刻，有不懂的就来问我，总能学会。"

"当时心里憋了一股气，想着一定要学会。"就这样，一琢磨就是几十年，时间一晃而过，赵翠莲成为山西有名的皮影戏雕刻艺术家。她创作出的皮影在继承山西晋南皮影精致细腻的风格基础上，

赵翠莲

又充分吸收了陕西皮影庄重大气的艺术风格，既有剪纸艺术的玲珑剔透，又有传统年画的热烈喜庆，无论多繁复的衣饰纹络，始终可以千刻不断，连接自然。她创作的皮影远销美国、德国、日本、韩国等地。日、韩、美等国专家学者和美术爱好者慕名登门造访，赵翠莲现场为远道而来的客人制作皮影、表演皮影剧，为中华文化的推广做了很多力所能及的事情。

1985年，受波士顿博物馆邀请，赵翠莲（前排右一）在美国主要城市巡回表演、教学。图为赵翠莲在学校进行互动式教学

赵翠莲表示，这些年在物质上获得的回报并不多，但在精神上的收获却很丰厚。"没有让皮影在我们这代人手里断掉，是我最有成就感的一件事。"赵翠莲停下来，想了想又说道，"因为皮影，我还有一个收获，就是和他组建了新家庭。"

李世伟和赵翠莲都曾有过一段婚姻，因为皮影，志同道合的两个人最终走到了一起。在工作

在赵翠莲（右一）家中，赵翠莲向慕名而来的德国友人介绍皮影制作

李世伟（左一）和赵翠莲

李世伟（前排中间）和赵翠莲（前排右一）
正在向皮影爱好者讲授皮影雕刻技法

中，大家各自发挥专长，李世伟负责画稿、染色，赵翠莲
和女儿处理牛皮、进行雕刻，一家人相互切磋交流，取长
补短，皮影制作技艺有了很大提高。一位北京专家看了他
们的作品，连连称赞："山西皮影就是这个味儿——拙中
带彩，色中有韵！"

李世伟从七岁开始学画，九岁喜欢上皮影，十二岁偷
拿出姑姑家的皮影召集小伙伴演皮影戏，二十三岁考入
剧团开始木偶、皮影的制作……这么多年一直和皮影为
伴，他不仅有基本功，还了解剧目，能结合传统文化从戏

曲中吸收人物造型的特
点，知道皮影适合演什
么，忌讳什么。所以他
运用色彩造型的能力特
别强，经他上色的皮影
都特别有神采。李世伟
的学习能力也特别强，
去陕西参观博物馆、逛
市集时，他看到一个可
以两面转脸的老皮影造
型，回来后就试着做，

皮影是李世伟（右二）、赵翠莲（右一）一家永远不会谢幕的话题

最后竟做成了。他说："没有对皮影真正的喜
爱，是不会坚持下来的，更不可能做出成绩。"

刻皮影是一件复杂的事，单从工具来看，
七八十把刻刀市面上买不到，都是李世伟和赵翠

宋玉娇

崔莺莺

貂　蝉

杨玉环

自制的皮影刻刀

刻刀与影人

刻制影人的刻刀等工具

莲根据皮影的各种特征亲自动手制作的。斜口刀、平刀、圆刀、三角刀、花口刀……不同的刀具有不同的用途。

了解清楚工具，确定皮影用途后才能开始刻皮影。皮影制作包括选皮、制皮、画稿、过稿、潮皮、推皮、镂刻、敷彩、发汗熨平、缀订装签十个

选皮

过稿

推皮走刀　　镂刻

079

敷彩　　　缀订装签

步骤，工序繁多，耗时良久。

　　当时山西的皮影制作在技法上已经没什么问题了，拿到北京让专家看，专家说雕刻艺术已经达到了很高的水平，就是色彩方面还弱一些，比不过清代那些老皮影。所以李世伟和赵翠莲就在着色上下功夫、做研究。他们改变了传统皮影单调生硬、缺乏过渡的色彩，采用自然、柔和的装饰色彩来表现，并成功地把皮影人物由单一的侧面改变为视情景需要巧妙安排正面和侧面，同时解决了身体曲线和衣服褶皱间的关系。面对市场变化，又创新了皮影的艺术形态，把皮影从演剧变成了工艺品，并带入了普通家庭。

这些年来，夫妻俩在皮影着色上下的功夫没有白费，他们制作的皮影工艺品很漂亮，得到了市场认可。凡是经

赵翠莲整理制作好的影人

制作好的皮影

李世伟（中）在国家级非物质文化遗产项目——皮影戏（孝义皮影戏）代表性传承人的授牌现场

　　过他们上色的皮影，不管老的还是新的，一上颜色，效果马上就不一样了。他们制作的大部分是礼品类皮影，具有欣赏和收藏价值，其中的关公系列特别受欢迎，这也符合时代发展的需求。

　　有人让他们申请个专利，李世伟却说，皮影木偶都是老祖宗留下来的，谁也没有那么大的本事把它弄成个啥样，都是各个时代的艺人们不断去提升它的艺术价值，所以不需要把它贴上私人的标签。况且这个时代，这些东西

皮影雕刻艺术品《关公》

皮影雕刻艺术品《赵公明》

皮影戏《金殿站堂》

083

本身较少有人去做，如果还有这种保守思想，这种技艺就更无法传承下去了。

2020年，夫妻二人共同制作的《百丑图》在第十五届中国工艺美术大师作品暨国际艺术精品博览会上获得了金奖。百丑百态，栩栩如生，透亮的皮子上刻刀走线

李世伟、赵翠莲雕刻的《百丑图》

流畅自如、染色浓淡相宜，过渡和谐，一切都刚刚好，这些恰恰是数字机械无法实现的。夫妻俩说起这幅作品，脸上写满了自豪。对于手艺人来说，在漫长的职业生涯中不断突破，做出更满意的作品，才是岁月最好的馈赠。

守护皮影

琴声灯影四十年

吕海青，1959年生，山西省吕梁市汾阳市肖家庄镇肖家庄村人。1974年8月考入孝义皮影木偶剧团，从事皮影、木偶表演，师从皮影艺人那鹏飞、国家级非物质文化遗产项目——皮影戏（孝义皮影戏）代表性传承人梁全民。

　　主要表演剧目有皮影剧《桃花记》《白洋河》《红灯记》《九连珠》，木偶剧《草原红花》《三盗芭蕉扇》《大战通天河》等。2018年，在孝义市职业教育中心学校的第二课堂担任皮影表演老师。

一口道尽千古事，双手舞动
百万兵。把皮影事业发展传
承下去。

吕海青

琴声灯影四十年

吕海青是1974年报考并进入孝义市皮影木偶剧团的。当时，剧团刚刚重建，梁全民担任团长，排演的主要是木偶戏。"每天四五点就要起床，在院子里练声、练功，师傅们手里拎个棍子，站在院子中间盯着你。"吕海青回忆十五岁进剧团时的生活。那时，每天练习的唱腔基本上是晋剧的老八本，有《算粮》《走山》《三娘教子》《斩黄袍》《四哭殿》《金水桥》《忠保国》《芦花》。师傅们先说个大意，再一句句教学员腔调，师傅梁全民主要教木偶的操作。学习操作，要先从练站功开始，先是空架子什

1981年，吕海清（左
一）和小师妹

么也不拿，十分钟、十五分钟、半个小时、四十五分钟，
站在那里，一动不动，如果能站稳了，就加上木偶，继续
站桩。练上一段时间，就开始在脚腕上绑两个沙袋，在木
偶胸腔内放入铁块，这样负重练，什么时候举着木偶能坚
持半个小时以上了，基本功就算是练成了。基本功过关
了，就可以学习舞台动作了。"我们这批学员大都没有艺
术背景，师傅们在教的时候没少费气力。"

　　经过三到六个月的业务学习，剧团带着吕海青和十几位学员开始下乡演出。1975年，剧团的改编剧目《三打白骨精》在全省反响热烈。随后，剧团又推出了《大战通天河》《三盗芭蕉扇》《走雪山》等戏，演出市场被彻底盘活。

　　二十世纪七十年代算是剧团比较辉煌的时候，每个月能演二百到三百场，平均每天六场。演员们从早上八点登台，一直演到晚上十二点结束。1979年2月，团长梁全民退休

吕海青（右一）与外国友人

外国友人来到幕后，体验皮影表演

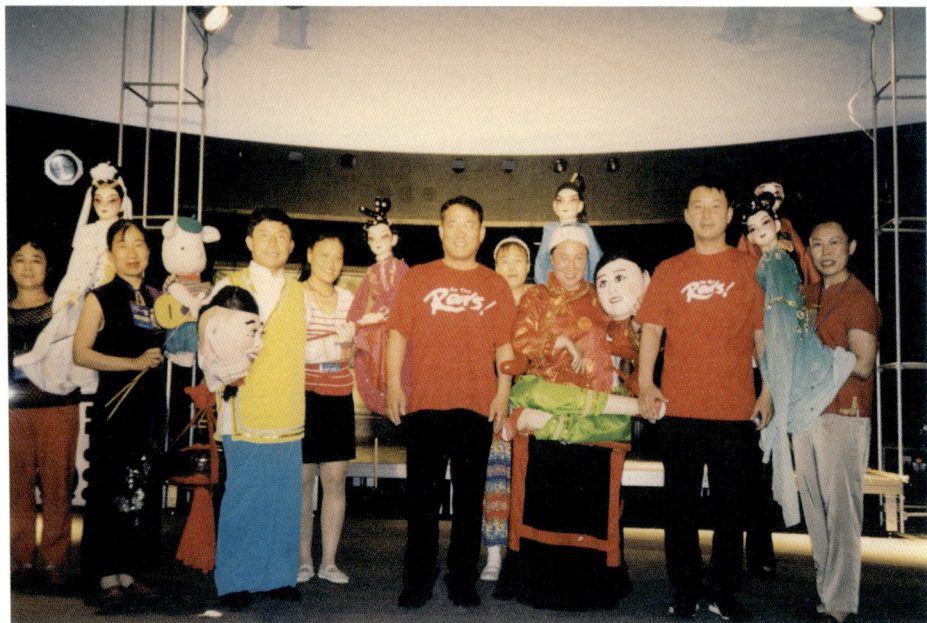

2002年，吕海青（左二）等人在韩国演出后合影

了。县里将关注点转移到传统皮影表演上，剧团开始重点挖掘整理皮影的传统剧目。这一年，吕海青开始跟随剧团里的皮影老艺人那鹏飞学习碗碗唱腔和皮影操作。

二十世纪八十年代，剧团发展欠佳。1987年，吕海青随剧团带着皮影剧《张羽煮海》《火焰山》到北京参加首届中国艺术节，《张羽煮海》获得表演一等奖。现场的专家评委们评价该剧为"三晋巧弄影，醉倒北京人"。1989

年，吕海青又随剧团赴英国访问演出。回国后，剧团的经营情况仍无改善。

生活艰难时，吕海青和同为剧团演员的丈夫通过摆摊卖菜、租台球案子维持日常生计，偶尔接个婚丧嫁娶演出的活儿来贴补家用。"我们从小学的就是这，朋友也都是做这个的，没有舞台，我们就什么也没有了。"在近十年的时间里，吕海青就这样离团不离台，终于等来了剧团重生。

1996年，剧团被纳入财政，成为差额事业单位。2006年，孝义皮影被列入全国首批国家级非物质文化遗产保护

吕海青

吕海青在表演自编木偶戏《县官出游》

项目。经历过剧团兴衰起伏的吕海青，对孝义皮影、木偶
更加珍惜。她说自己没读过什么书，讲不出大道理，但是

希望这些文化能传承好。在吕海青和丈夫的影响下，儿子王茂伟也进入剧团，从事孝义的木偶制作。

2016年，时任大同市市长耿彦波在北京的一次文化交流活动中观看了孝义皮影表演，在感慨皮影艺术精妙的同时，将孝义皮影引入大同云冈石窟景区，让千年石窟携手千年皮影，开启了一次非遗保护的山西实践。从那年开始，吕海青和同乡们便像候鸟一样，春来秋归，每年有大半年的时间在大同云冈石窟景区表演皮影戏。

在这个演出团队里，吕海青

举着沙僧偶人的吕海青

是唯一一位既能操作皮影、木偶，又能伴唱的演员。每当
人手不足的时候，她需要在皮影和木偶两个表演馆里转场
演出，一场十几分钟的皮影戏，接着是一场十几分钟的木
偶戏。在旅游旺季，皮影馆人流不断，一天表演的场次
近三十场，如果没有点儿真功夫，光是体力就让人吃不
消。"午饭都是见缝插针，谁下了场就去吃一口，然后立
即跑回来。"

　　这样高强度的演出，吕海青应对自如，始终精神振
奋，不露一丝疲态。"过去在剧团表演皮影戏，一场戏下
来最少也要两个多小时，这儿的工作强度算个啥？"

　　刚开始在云冈石窟表演时，采用传统的形式，有操作
的、说唱的，还有文武乐队，阵容很大。观众基本场场爆
满，表演结束时，观众个个意犹未尽，不愿离场。

　　后来受市场的影响，对人员做了精简，并编创了短小
简洁的剧目《云冈石窟》。不是节假日的时候，景区的参
观者不多，皮影馆内的参观者更是寥寥。吕海青经常走
出皮影馆，寻找看皮影戏的客人，看到带孩子的游客，
她就主动迎上去做推介。"家长会比较重视孩子的素质培
养，希望孩子有见识。"推介成功后，吕海青会领着客人
进馆，然后走到后台，开始操杆表演。后台是演员表演的

主要区域，表演时需要用的影人都要悬挂在绳线上。一般要拉三条线，位于操纵者左侧的线为上线，主要悬挂将要上场的和地位重要的影人。右侧的称为下线，下了场的影人和备用的配角就挂在这根线上。后边还有一根中线，悬挂当天不再出现的影人，以前，乐队的唢呐、四弦等乐器，还有艺人用的毛巾等也会挂在这里。

结束后，送走客人的吕海青又继续站在景区步道上等待着。"坐着也是坐着，出来介绍一下总有收获，人们大老远来，只是看看石窟，那多亏！"吕海青总觉得立在皮影馆外的导视牌太不显眼了，窄窄的，颜色也不

吕海青（左一）和徒弟杨云波在演出中

突出，和路灯并排着，人们稍不注意，就错过了。"咱孝义皮影，多好的东西呀，他们都不知道……"吕海青向远处张望着、寻找着。

吕海青一辈子干的就是皮影这个行当。因为喜欢入行，到靠它吃饭生活，唱了四十多年。她说，孝义皮影需要有

吕海青（左一）和徒弟杨云波在表演皮影戏《云冈石窟》

人做好传承，传承首先是要有更多的人知道和了解它。云冈石窟是世界文化遗产，借助景区的流量，宣传孝义皮影，可以让更多的人了解，这对于皮影发展是有帮助的。但是，这种形式也会受到市场的制约和影响，那些时间比较长的经典剧目不可能在景区表演，游客不可能坐在那里听几个小时的戏，现场的真人说唱与配乐都被录音替代了，皮影戏传统的味道淡了。

2018年，孝义市加快了对中华优秀传统文化保护与传承的步伐，启动了"非遗进课堂"教育活动，设定每周二、四下午为皮影的教学辅导课。吕海青主动加入，成为义务教学的皮影老师。平时，只要她在孝义，每周都会去给学生上课，"这么好的手艺，得有人学"。

吕海青（右一）在后台给大家演示皮影

吕海青在课堂教授皮影表演

吕海青说："唱了大半辈子，只要唱起来心里就高兴。"

守护皮影

「80后」团长的影戏人生

刘亚星，1983年生，山西省孝义市皮影木偶剧团团长，木偶剧《美猴王》的主演。2003年始，从事皮影、木偶表演，师从国家级非物质文化遗产项目——木偶戏（孝义木偶戏）代表性传承人武兴。

悠悠传承情　旃旃我辈行

刘亚星

2022.9.30

"80后"
团长的影戏人生

一幕纱窗，一个戏台，一边是一群神情专注的观众，一边是舞动在指间的千年手艺。孝义市皮影木偶剧团团长刘亚星在和剧团演员表演以廉洁为主题的现代皮影戏《拉选票》。

轻柔回转的碗碗腔曲调在场内响起，伴随着"手莫伸，伸手必被捉。党与人民在监督，万目睽睽难逃脱……"的唱词，影人们一一登场。剧团深挖廉洁文化，创作出老少皆宜的廉洁故事，借助皮影这一传统艺术形式呈现，可谓别开生面。

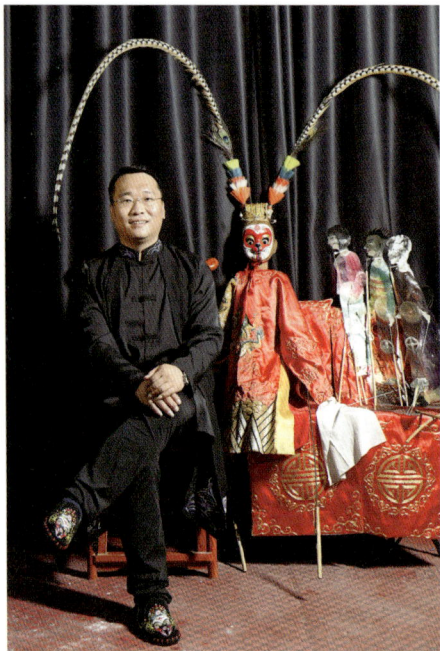

孝义市皮影木偶剧团团长刘亚星

　　十几分钟的《拉选票》很快表演结束，观众正意犹未尽、兴致高昂，这时，舞台的灯光亮了，皮影节目《美人鱼》登台亮相了。两名身穿彩衣的演员拿着一条几米长的细绳，碎步摇曳来到舞台两侧，又一名演员手操近一米高的影人走到舞台中央。音乐一起，演员持杆操控影人凌空一跃，轻盈地跳上悬空的绳子，影人在演员的操控下，跟随剧情，自如地起跳、翻筋斗，做着各种高难度的动作，演员与影人融为一体，借助影人传达着情绪。剧场内，音乐声与喝彩声交会，表达出了观众对皮影的喜

正在亮子后操签的刘亚星

孝义市皮影木偶剧团外景

爱，对中华优秀传统文化的追慕。

《拉选票》《美人鱼》是孝义市皮影木偶剧团的创新剧目。近年来，剧团在中国故事的选择、讲述和传播上一直孜孜不倦，摸索实践。"我们必须要随着时代往前走，只守着老剧本表演，就会丢了观众，如果没有观众，最后，这个技艺就会死去"，"80后"团长刘亚星说。传统的皮影戏，一场戏下来需要两个小时以上，现在的观众已经没有耐心和时间听这么长的一部戏了。同时，地域性的唱腔在当地还可以，走出去，很难被更广泛的群体接受，再加上传统剧目受限于场地、灯光等条件，创新成为皮影发展的唯一出路。

刘亚星与剧团里的大部分演员，都是二十一世纪初考入剧团的。当时，已被纳入财政成为差额事业单位的孝义市皮影木偶剧团人员断层严重，亟待补给青年演员。他们这批招入的演员多为科班出身，在学校接受过表演、舞蹈等专业训练，对传统文化、对皮影有自己的认知，并渴望创新。

刘亚星是山西省电影学院表演系97级的毕业生。毕业那年，"导演"在孝义还是一个新潮但无用的专业。为了就业，刘亚星进入吕梁农村干部学院学习农村经济。这个风马牛不相及的专业，让刘亚星天马行空的导演梦戛然而止，果蔬嫁接、大棚栽种填满了他的生活，刘亚星用"痛苦"描述自己当年的状态。后来，赶上剧团公开招考，现场唱、跳、表演……刘亚星一一完成了考题，成绩不好不坏，但因为看起来人"淘"，最后被刷了下来。有人对刘亚星说："你可以去文工团。"刘亚星说："我要进皮影木偶剧团。"

　　阻力越大，动力就越大。在不断的争取与努力中，两个月后，剧团同意给刘亚星一个机会，试用一个月，如果考核合格，就招录；不合格，就回家。刘亚星说，那是他人生的一次转折，进团第一周测试，他是门门倒数第一，"但是我想把握住机会，想有个样子。"刘亚星发狠似的苦练基本功，一个月后顺利通过考核，留在了剧团。

　　过去的皮影戏要求演员不仅要有娴熟的操作，还要有好的唱功。一开戏，说唱人往那里一坐，腿一盘，茶水往旁边一搁，贴窗子的把皮影往过一递，就开唱了，"红黑

剧团演员们正在练功

生旦净末丑"就一个人，能连着唱三四个小时，剧本全都装在老艺人的肚子里。随着老一代皮影艺人的去世，抢救记录下的老唱词成为故纸堆。现在剧团的年轻人多数不愿唱了，学唱的多数进了孝义市碗碗腔剧团。"当年我教这些年轻演员，就只能从皮影、木偶的操作方面往下传承"，刘亚星的老师、国家级非物质文化遗产项目——木偶戏（孝义木偶戏）代表性传承人武兴回忆在剧团的日子，"不过，年轻演员虽然对传统的东西了解不多，但是他们有自己的优势，他们见多识广、点子多，在表演中会

剧团排演木偶剧

2007年，在孝义市皮影木偶剧团摄影棚，剧团正在排演木偶剧《不亦乐乎》

添加许多个性化的东西，避免了老艺人程式化的问题，这些对于皮影、木偶的创新发展很宝贵。"

因为剧团收入有限，陆续有演员转了行。在带过的学生里，武兴看好刘亚星，常说他是干这行的料，时常鼓励他要坚持。2017年，刘亚星担任了剧团团长。他找团里的所有人谈了一次心，并和大家约定：不演堂会、不私自商演。"大家年龄相仿，需要齐心协力，我想把团带好，让大家活得更有尊严，把皮影、木偶技艺传承好。"

皮影在今天如何发展？刘亚星认为皮影戏的产生和

它所处的时代有关，皮影戏是很自然地在某种社会形态中"生长"出来的，并依附于那个时代。想让皮影戏在当下更好地发展，就要探索皮影戏的当代性表达，让它和当下的时代同频共振，做好守正创新，进行主题挖掘和技术创新，从内容与形式两方面进行皮影艺术的当代阐述。在表演手段和技巧上"守正"传承，在形式上"创新"发展。坚持传统的、本色的表演手段，表演的手法不能变，操杆的手法不能变，节目的形式可以变，用传统的手法表演现代的剧目。"不能改变根本的东西，改变了就不是非遗

2000年，还是剧团学员的刘亚星（后排左四）在苏州虎丘公园演出结束后，与同期学员合影

刘亚星和剧团的演员们

了，遗产就是要保留原有的传统方式，保存它的技艺。"

剧团在传承的基础上，不断创新突破，关照历史文化与地域文化，寻找皮影戏与当下对话的审美范式，引进杂技、多媒体视觉艺术，包容并蓄，探索尝试。

"现在，皮影剧内容多面向儿童，以童话、神话题材为主，我一直想拓宽皮影戏的受众面和内容的深度，聚焦我们所处的时代，借助皮影有更多内容上的表达，讲好今

天的中国故事。"刘亚星说。2020年开始，剧团
许多常规化的演出暂停，工作节奏慢了下来，刘
亚星利用这些时间，开始琢磨新剧目，着力创作
主题类剧目。刘亚星所在剧团排演了六部皮影短
剧，如《如此福利》《碰钉子》等；还与纪检系
统合作，创作了《清风》《责任》《招标》等一
系列党风廉政剧目。这些新剧目受到观众好评，
不仅增加了廉政文化传播的新方式，而且增强了

2012年孝义市东风剧院，大型神话木偶剧《孙悟空之三打白骨精》首演前，刘亚星正在检查道具

2014年，孝义市皮影木偶剧团排练厅，刘亚星（右一）和刘晋浙（艺名刘二）排练《义虎春秋》现场

115

2017年榆次乌金山，刘亚星（后排右二）参加"人说山西好风
光——百家戏苑开播十五周年纪念演出活动"，与参演的艺术家、
演员合影

2019年，刘亚星（右八）与剧团赴新疆参加"锦绣山西 大美新疆"山
西非遗精品丝路行活动

化人育人的效果。

　　手指动作与步伐的协调、演员与影人的合二为一、场景搭建与剧情内容的推陈出新……刘亚星和他的团队不敢有一丝懈怠。舞台中央，刘亚星和他的团队在光影斑驳间，手操皮影、木偶，用飞扬的青春守护着千年艺术皮影，描绘着瑰丽的艺术人生。

2022年9月，在北京参加演出活动后的刘亚星（左四）和剧团的演员们与嘉宾合影

2021年7月，孝义市皮影木偶剧团小剧场内，刘亚星和剧团的演员们

守护皮影

山西皮影大事记

1949——2023

1949—2023
山西皮影大事记

1949年10月，由孝义县下栅乡坛果村老艺人那鹏飞为带领人，创建了"孝义县人民文化馆皮影木偶宣传第一组"。

第一组组长那鹏飞（右一）与师傅李正有（左三）、学员梁全民（左一）等合影

1951年1月，成立了宣传第四到第九组，从事皮影木偶工作者达百人，先后编排了《农民泪》《血泪仇》《白毛女》等现代戏。

20世纪50年代

1950年1月，成立了宣传第二组、第三组。

1953年冬，皮影木偶宣传第二组调往太原与第一组合班演出。

1956年1月，孝义皮影木偶宣传第一组、第二组移交太原市，成立了太原市木偶皮影剧团，后更名为太原市皮影剧团。皮影宣传队改编为孝义木偶皮影艺术剧团，后改称孝义木偶艺术剧团。

1953年2月，孝义县文化馆皮影木偶宣传第一组代表孝义县参加了山西省首届民间艺术会演大会，会演结束后，山西省文化管理部门将孝义县文化馆皮影木偶宣传第一组留在太原，在酱园巷挂牌"山西省人民曲艺场"固定演出。

1958年，孝义县重新组建了"孝义木偶皮影艺术剧团"，先后排演了传统皮影戏《桃花计》《宝莲珠》《逼尘珠》《两世音》《收五毒》和时装皮影戏《白毛女》等。

1957年，孝义木偶艺术剧团应邀巡回演出，从孝义经中阳，先后到河曲、保德、神池、五寨、偏关、静乐、忻州、太原等地。

1959年，太原市皮影剧团率先进行改革，由演员登台替代了皮影的纱窗显影。

1964年，剧团开始排演样板戏。

1961年，三县（孝义、灵石、介休）合并后又分开治理，孝义木偶艺术剧团重建。剧团排演《郑元和讨饭》《社长的女儿》等剧目。

20世纪60年代

1960年，孝义县晋剧团、跃进剧团改革，用真人代替皮影，把碗碗腔搬上了舞台。木偶剧团也开始尝试改革，很少演出皮影，将重点放在木偶的改良和编排上，排演出新剧《饲养员之家》，开辟了用传统艺术手法表现现代生活的新艺术形式。

剧团开始分流人员，部分人员下放到农村。

1968年，孝义木偶艺术剧团的演员陆续被分到生产第一线，支援孝义水泥厂建设。

二十世纪六十年代，孝义木偶艺术剧团人员合影

20世纪70年代

1970年，孝义木偶艺术剧团演出暂停，孝义县跃进剧团改为"毛泽东思想宣传队"，编制五十人，属于国家事业体制，以演出歌舞为主。

1971年，孝义县军委会开始筹划重组木偶艺术剧团。

1975年，孝义木偶艺术剧团排演的木偶剧《三打白骨精》在全省各地公演，反响热烈。

1970年，孝义木偶艺术剧团部分人员合影

1974年，孝义恢复传统杖头木偶戏，木偶艺术剧团赴北京、天津、上海等地学习，从技术上对传统杖头木偶进行升级改造。排演木偶剧《东郭先生》。

1972年，恢复组建了孝义县木偶艺术剧团。孝义县木偶艺术剧团面向社会公开招聘演员。

1979年，组建了孝义县皮影队，属于孝义木偶艺术剧团的小分队。

20世纪80年代

1986年，两队合一，成立孝义县皮影木偶剧团。

　　1987年，孝义县皮影木偶剧团排演的皮影剧《张羽煮海》赴京参加首届中国艺术节，得到专家评委的高度评价，被各大主流媒体报道。

　　我国第一座集皮影木偶收藏、研究、展演为一体的皮影木偶艺术博物馆在山西孝义开工建设，历时八年建成。馆内共收藏了全国各地明、清皮影三千余件，以及与皮影相关的文物二百余件，收集整理了皮影木偶剧本二百余本。

孝义市皮影木偶艺术博物馆

1989年，孝义县皮影木偶剧团参加山西省第二届"两会一节"会演，木偶戏《走山》《天蓬元帅》获得"第二届山西民间艺术节"金奖。

李世伟（前排中）与剧团等一行人在英国

1989年10月，由孝义县皮影木偶剧团组建的山西省皮影木偶艺术团应邀赴英国德比郡进行对外交流，其间演出了皮影戏《张羽煮海》《收五毒》，木偶剧《走山》《天蓬戏嫦娥》《民族音乐会》等。

（**20世纪90年代**

1994年，孝义县皮影木偶剧团赴广州参加中国木偶精英荟萃大赛，荣获"精英奖"，参演艺人被誉为"国宝"级人物。

1996年，孝义县皮影木偶剧团涉足影视界，与西安电影制片厂、台湾完形影视有限公司联合拍摄儿童木偶电视剧三百余集，相继在中国中央电视台和海外数家媒体播映，其中《英雄出少年》获1996年台湾最佳儿童影片奖。孝义皮影木偶剧团成为国家差额补助单位。

1995年6月，中国集邮总公司在山西省孝义市举行了中华人民共和国成立以来首次皮影特种邮票首发式。孝义明代皮腔纸窗影人被列入其中，并制作了精美的皮影纪念册，配套发行，在国内引起了很大反响。

中国皮影特种邮票纪念册中的孝义皮影人物

1997年，孝义市皮影木偶剧团拍摄的儿童木偶电视剧《英雄出少年》参加了纽约国际电影展。

1998年，孝义市皮影木偶剧团开启了在全国主要旅游景点的演出活动。至2000年，先后在江苏苏州、无锡，浙江杭州，河南，新疆等地的主要景区表演。

21世纪以来

2001年，孝义市皮影木偶剧团在全国率先采用室外真景实地拍摄手法和卡通木偶人物造型，自筹资金拍摄了儿童木偶剧《逗逗猴》，并荣获山西省"五个一工程"优秀作品奖。

2002年，孝义市皮影木偶剧团代表山西省赴韩国参加"世界杯"足球赛文艺演出。

2006年，孝义皮影戏被国务院列入第一批国家级非物质文化遗产保护项目。

2005年，孝义市皮影木偶剧团排演的大型皮影剧《刘胡兰》赴唐山参加首届国际皮影展，荣获"优秀剧目奖"。

孝义市皮影木偶剧团人员在韩国演出后合影

2011年，孝义市皮影木偶剧团自筹资金一百五十余万元拍摄大型木偶神话剧《孙悟空三打白骨精》，该剧荣获山西省"杏花奖"。孝义市皮影木偶剧团与孝义市碗碗腔剧团合并组建孝义市民间艺术研究院，加挂孝义市民间艺术剧院牌子。

2010年，孝义木偶戏入选国家级非物质文化遗产项目名录。

2013年7月，孝义市皮影木偶剧团赴山东东营参加全国木偶戏、皮影戏调演，皮影戏《桃花计》被文化部授予"优秀剧目奖"。

2012年6月，孝义市皮影木偶剧团携《孙悟空三打白骨精》赴浙江宁波参加第七届全国儿童剧优秀剧目展演，被文化部授予"优秀演出奖"。

2013年7月，孝义市民间艺术研究院提出申请，孝义市政府批准孝义市皮影木偶剧团与孝义市碗碗腔剧团转制改企，孝义市皮影木偶剧团更名为孝义市皮影木偶剧团有限责任公司。

2014年6月，孝义市皮影木偶剧团有限责任公司赴四川参加首届中国南充国际木偶艺术周，大型木偶神话剧《义虎千秋》荣获"优秀剧目奖"。

2014年，在首届中国南充国际木偶艺术周表演现场

2015年10月，孝义市皮影木偶剧团有限责任公司应"台湾中华基金董事会"特邀，受文化部特派，赴台湾参加云林国际偶戏节和当代亚洲传统文化艺术节，荣获"最佳表演奖"。

2019年，孝义市民间艺术研究院与孝义市职业教育中心签约，共建非遗实践基地，开设"第二课堂"，进行皮影、木偶表演与制作教学。

2021年，孝义皮影木偶戏在第四届中国国际进口博览会展演。12月，孝义市皮影木偶剧团有限责任公司被共青团孝义市委等单位授予孝义市少先队校外实践教育基地。

2018年，孝义市皮影木偶剧团有限责任公司被山西省文化厅命名为"山西省首批对外文化交流基地"。

2021年11月，在《国家宝藏·展演季》第四期"惟石能言"的录制中，孝义市皮影木偶剧团有限责任公司作为嘉宾前去揭榜，用孝义木偶传神演绎侯马金代董氏墓戏俑。

2021年，孝义木偶戏登上《国家宝藏·展演季》的舞台

2021年，相关人员在《国家宝藏·展演季》现场合影

2022年9月，孝义市皮影木偶剧团有限责任公司应邀参加北京卫视《最美中国戏》的录制。

2023年5月，孝义市皮影木偶剧团有限责任公司应邀参加北京龙潭中湖举办的"晋京非遗，京尚文创"游园会演出共计六十场。

2022年10月3日，孝义市皮影木偶剧团有限责任公司参加哔哩哔哩网站公益宣传片《守塔人》的拍摄录制。

2023年6月25日，孝义市皮影木偶剧团有限责任公司赴天津参加天津夏季达沃斯论坛"山西之夜"。

2023年，孝义市皮影木偶剧团演员在天津达沃斯论坛上合影

2023年1月，孝义市皮影木偶剧团有限责任公司创排大型木偶情景剧《偶艺乐园》。

2022年11月3日，孝义市皮影木偶剧团有限责任公司赴上海参加第五届中国国际进口博览会演出。

2023年11月，孝义市皮影木偶剧团有限责任公司参加第六届中国国际进口博览会"山西之夜"文艺展演。

2023年全年，孝义市皮影木偶剧团有限责任公司参加山西省2023年太原市优秀文化艺术进校园"双百工程"——非物质文化走进校园七场，山西省2023年"免费送戏下乡进村"惠民演出二十一场。

山西皮影的故事还在继续……

守护皮影

附录

孝义皮腔纸窗影戏名艺人

李正有	孝义市韩家滩村
田桂则	孝义市偏城村
郝如山	孝义市韩家滩村
郭直厮	孝义市前驿马村
杨全玉	孝义市桑湾村
武启家	孝义市必独村
杨铁栓	孝义市白家庄村
武银根	孝义市必独村
郭金马	孝义市鱼湾村

武海棠　孝义市必独村

闫光茂　孝义市钮村

二　红　孝义市南庄沟村

王拉柱　孝义市贺岭村

孟三清　孝义市盘庄村

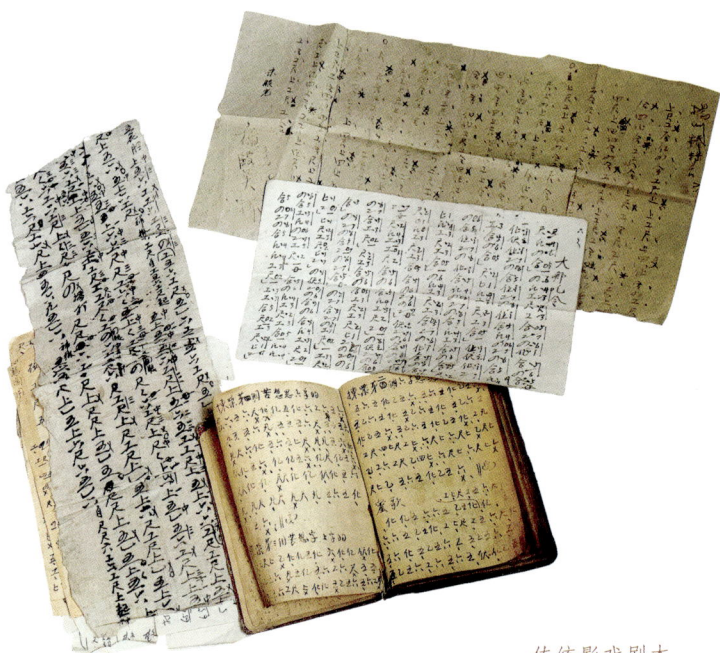

传统影戏剧本

可查证姓名的孝义碗碗腔纱窗影戏说戏艺师

于润生　孝义市后营村

于怀义　孝义市后营村

王宝栋（王栋厮）　孝义市相王村

冯廷荣（大栋厮）　孝义市石像村

冯庆云（冯二栋）　孝义市石像村

张庆和（二芸乱）　孝义市中梧桐村

高昌贵　孝义市尉屯村

高仲玉　孝义市尉屯村

吴成银　孝义市南曹村

魏武元　孝义市部落村

郭世祥　孝义市

李三保　孝义市

李光耀　孝义市楼西村

那鹏飞　孝义市坛果村

景润元　孝义市上栅村

赵家斌　　孝义市胡家窑村

郭来宝　　孝义市

温世宏　　孝义市杜村

武三保　　孝义市教场村

樊丕仁　　孝义市西盘粮村

武三三　　孝义市温家庄村

焦亮如　　孝义市

武亮则　　孝义市杏野村

李富德　　孝义市

张德明　　孝义市

梁全民　　孝义市后驿马村

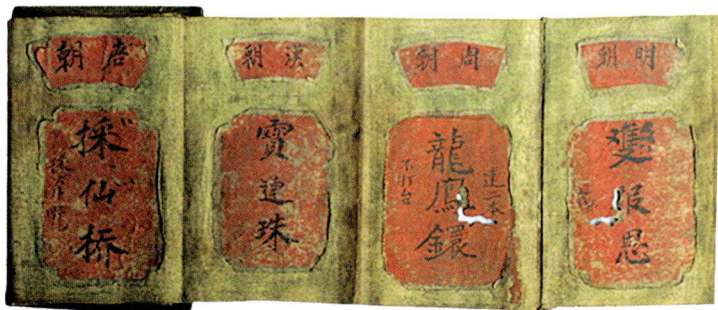

碗碗腔纱窗影戏单

戏楹联

能复幻千年陈迹，可聚观万古奇情。

顷刻驱驰千里外，古今事业一宵中。

百年世事三更月，千古风流一夜灯。

白昼间木人作怪，夜晚时牛皮成精。

三尺生绡作戏台，全凭十指逞诙谐。

大关节全凭起首，好结局都在后头。

假人却待真人画，外廉实看内廉声。

影窗可国可家可天下，皮影能文能武能鬼神。

浑身武艺凭手舞，满腹文章借口传。

数尺纱窗映天地，一盏油灯照乾坤。

一张牛皮能文能武，三根竹竿为鬼为神。

灯影变幻映实事，皮影做戏传真情。

演文演武凭手舞，崇王贱霸借口传。

三五步走遍天下，六七人百万雄兵。

木偶借人传古事，皮影占灯逞威风。

万里江山灯下转，九州人马手中行。

灯照乾坤日月，手提万代英雄。

借虚事指点实事，托皮人度化真人。

傀儡板头丝线牵，影人还从纸上观。

南瓦新开影戏场，满堂明烛照兴亡。

大小影人分数等，忠奸世人认得清。

文文武武处处吹吹打打，男男女女人人看看听听。

没掌杆人无法出头露面，非说戏者焉能吐气扬眉。

为其象人而用之，不啻若自其口出。

真口假口口代口开口合口话古今，

是人非人人舞人好人歹人有评论。

看不真莫吵，请问前头高见者。

站得住便罢，须留余地后来人。

愿听者听，愿看者看，听看自取两便。

说好就好，说歹就歹，好歹只演三天。

看不见姑且听之，何须四处钻营，极力排开前面者；

站得高弗能久也，莫仗一时得意，挺身遮住后来人。

孝义皮影戏班社行话

头（梢子）　　　　　　人（影子）

酒（火衫则）　　　　　钞票（捻贴则）

眉（叶儿）　　　　　　脚（踢则）

肉（丝帐则）　　　　　茅房（闪坑则）

眼（光明珠）　　　　　腿（撩干）

纸烟（抽棍则）　　　　筷子（打手）

鼻子（粟则）　　　　　手（翅儿）

戏价（蔓则）　　　　　碗（敞则）

耳朵（招则）　　　　　拐子（地不平）

盐（海砂）　　　　　　吃饭（啃）

口（吃则）　　　　　　麻油（润则）

算戏价（拉蔓则）　　　剃头围布（气儿）

孝义皮影戏数字表示方法

一（刘）

二（毓）

三（王）

四（扎）

五（中）

六（申）

七（兴）

八（展）

九（爱）

十（足）

特此感谢

山西省非物质文化遗产保护中心

山西省孝义市皮影木偶艺术博物馆

山西省孝义市皮影木偶剧团

山西省繁峙县博物馆

刘　通

马　睿

刘　霄

刘朝晖

梁喜兵

梁智珠

白　翔

吴云广

张跟慧

吕　涛

董晓琴

于艳珠

（本书部分图片与文字资料由以上作者提供）